黃金未來牌卡

解說手冊

The Golden Future Oracle:
A 44 Card Deck and Guidebook

黛安娜‧庫珀 Diana Cooper /著

前方 Space Before /繪　非語/譯

目　錄　C o n t e n t s —————————

本書介紹

衆所周知，我們生活在動盪的時代。然而，好消息是，我們正邁向新的五維「黃金時代」，那將是和平與幸福的時代，世界會煥然一新，變得更加美好。

什麼是「黃金時代」？

「黃金時代」（Golden Age）是每一個人、動物、樹木、植物、土地本身都散發出金黃璀璨的氣場。金色是愛與智慧的顏色，因此黃金時代是和平、和諧、豐盛的時代，屆時，每一個人都基於至善而合作。

在即將到來的黃金時代，空氣和水將會很純淨，人人有營養豐富的食物。新的靈性科技會支持我們，提供無限且合乎生態的免費動力。在五維意識中，需要的一切將會自動且毫不費力地來到我們身邊。我們全都會調頻對準天使界與靈性世界。

時間框架

以下是黃金未來到來的時間範圍：

- 二〇一二年：這標示了二十六萬年宇宙紀元的結束，稱作「神的吐息」（out-breath of God）。

- 二〇一二至二〇二三年：二十年「神的吸氣」（in-breath of God）開始。在此期間，一切被探索、隱藏的東西被帶到檯面上接受檢查，祕密被揭露。與老舊的三維範型一起振動的所有結構開始崩解，包括經濟、貿易、健康、學校教育。

- 二〇一七至二〇二二年：大自然利用火、土、風、水元素滌淨地球。我們見識到史無前例的野火、地震、颶風、洪水正在提純淨化負面性曾經猖獗的所有地區。

- 二〇二三至二〇三二年：有九年的暫停，爲二〇三二年預作準備。隨著老舊範型崩解，被人民爲人民設計的新興體制所取代，世界各地會出現許多騷亂。無論元素對地球的滌淨進行到什麼程度，這時都會平靜下來。

- 二〇三二年：爲我們的整個宇宙制定的新興五維藍圖將會落實到位。人類、動物、魚、樹木、花朵、土地本身的頻率會加速，開始散發出金色的氣場。愛將使這個宇宙團結起來，而且將會大規模地影響地球上的每一個人。

- 二〇五〇年：屆時，生命會超出我們目前的概念，因爲地球與這個宇宙的五維藍圖將被完全啟動，人人擁有五維意識。人們將會取回自己十分先進的天賦與力量，包括保持完美健

康以及基於至善顯化的能力。隨著科技進步，我們會完成超出目前理解的非凡事物。與此同時，我們會重新連結到地球的愛，而且會明白什麼叫做「合一」（oneness，或譯為「一體性」）。

「大天使」（Archangel）與「啟明大師」（Illumined Master）們將會促進我們邁向黃金未來旅程的各個面向。請調頻對準牌卡上提到的指導靈，祂們會協助你提升頻率，為你提供需要的所有幫助。

什麼是「五維意識」？

五維意識的品質是平衡、真理、誠實、實力、勇氣、和平、智慧、喜悅、合一、慈悲、愛、願景。當意識處在這個頻率時，人們便自動體驗到幸福和靈魂心滿意足，並從宇宙中吸引自己需要的一切。

五維脈輪

在新的黃金時代，人人擁有十二個完全運作且活躍的五維脈輪。這些脈輪在許多人身上已經甦醒。以下是這些脈輪，外加這些脈輪的高頻色彩以及監督這些脈輪的大天使。

脈輪（chakra）	顏色	大天使
地球之星（Earth Star）	銀	聖德芬（Sandalphon）
海底輪（base）	白金	加百列（Gabriel）
本我輪（sacral）	淡粉	加百列
臍輪（navel）	橙	加百列
太陽神經叢（solar plexus）	深金	烏列爾（Uriel）
心輪（heart）	白粉	夏彌爾（Chamuel）
喉輪（throat）	寶藍和青色	麥可（Michael）
眉心輪（third eye）	晶瑩剔透	拉斐爾（Raphael）
頂輪（crown）	晶瑩剔透	約菲爾（Jophiel）
因果輪（causal）	白	克里斯蒂爾（Christiel）
靈魂之星（Soul Star）	洋紅	馬利爾（Mariel）
星系門戶（Stellar Gateway）	金橙	麥達昶（Metatron）

如何使用《黃金未來牌卡》

　　《黃金未來牌卡》（*The Golden Future Oracle*）不僅提供立即幫助你的指引、保證、工具，而且提供關於未來的資訊和靈感，幫助你聚焦在等候著我們的美好未來。此外，它幫助你與目前監督著黃金未來各個面向的靈性存有連結，而且賜予你幫助共同創造全新黃金時代的工具。在二○三二年，宇宙的能量會把地球轉換到更高的頻率，而這套牌卡使你能夠預作準備。

　　這些牌卡將會帶你踏上循序漸進的旅程，整合未來魔法時代的光。

如何保存《黃金未來牌卡》？

　　這套五維牌卡很神聖。視之為聖物，它必會帶給你祝福。

- 打開這套牌卡時，要恭敬地將它握在雙手之中，求神賜福給它。

- 找到一塊特殊的布或圍巾，將牌卡包裹起來。這有助於保持牌卡聖潔。

- 解讀時，要將牌陣展開，攤在布上。

- 完成時，要感謝促進牌卡能量運行的靈性存有們。

如何準備解讀空間？

解讀空間越清潔，能量越純淨，靈性存有就越容易與你連結。以下是幾種提升周圍振動的方法：

- 確保解讀空間環境清潔。

- 點燃一根蠟燭。

- 讓空間飄蕩著線香、薰香或神聖噴霧的香氣。

- 播放優美的輕音樂。

- 在房間內安置水晶。

- 在花瓶內插上鮮花。

- 說一段禱詞或唱頌神聖的讚美詩或歌曲。

- 召請龍和天使們前來清理空間。

- 請求大天使加百列在祂的宇宙鑽石當中保有這個空間。

- 讓房間充滿基督之光。試想一下或說出：「我現在祈請基督之光填滿整個房間」，而且知道「本源」（Source）之愛的能量包圍著你。

如何解讀？

單張牌卡解讀

　　若要使用這些牌卡，最強而有力的方法是挑選一張，如下所示：

- 洗牌。這麼做的時候，要在心裡請求得到對的牌卡，而且相信你一定會得到那張牌卡。或是想一個問題，而且知道你一定會以單張牌卡的形式接收到完美的指引。

- 將牌卡展開成扇形，用非慣用手挑選一張，或是「切牌」（cut the deck，譯注：在塔羅牌中，「切牌」顯示的是問卜者當下的心態。「切牌」的步驟為，洗牌，將牌收齊，整疊背面朝上放置在問卜者前方。問卜者用手隨意拿起一疊牌放在旁邊，則被拿起的那疊最底端的牌就是「切牌」），然後選擇出現的那張牌卡。

- 看著牌卡上的圖案，感受黃金未來的能量。

- 閱讀小冊子中關於那張牌卡的資訊。

- 調頻聆聽連結到該張牌卡的靈性存有。

- 留意牌卡上讓你一下子就注意到的任何東西。聚焦在那個圖像或符號，讓其中的意義浮現。

- 感謝來到你身邊的靈性存有。

- 遵照指引。

三張牌卡解讀

另一個接收指引的有用方法是選擇三張牌卡：

- 第一張牌卡放在左側，代表給你自己的指引。
- 第二張放在中間，代表關於地球的指引。
- 第三張放在右邊，代表你可以提供的最佳服務方式。
- 要記得感謝促進這些牌卡能量的靈性存有，並請求祂們幫忙你。

其他使用《黃金未來牌卡》的方法

你可以使用這套牌卡進行傳統解讀。不過，在你運用念頭和想像共同創造黃金未來之際，也可以將每張牌卡當作觸媒，預想未來幾年你自己的生活以及地球的生活。你越是強而有力地預想第五維度的生活，就會越快速地吸引到美好的事物。如果需要幫

忙，不妨邊使用《黃金未來牌卡》，邊播放 「為你賦能培力：無限音頻」（Empower You: Unlimited Audio）應用程式（app）上的〈體驗黃金未來生活觀想〉（*Visualization to Experience Life in the Golden Future*）。你可以免費試聽，請前往「應用商店」（App Store）或「Play 商店」（Google Play）下載。

了解黃金未來

- 解讀來到你面前的牌卡，了解相關資訊。

- 在了解我們正在邁向的全新黃金時代時，要盡情發揮想像力，推敲細想所有可能性。

- 知道協助這個方案的靈性存有正在觸動你。

尋求指引、幫助、鼓勵

- 現在，在心裡默念或大聲請求得到你想要的幫助。

- 洗牌並抽一張牌。

- 解讀那張牌卡的資訊，感應黃金未來的光。

- 請求促進那張牌卡能量的靈性存有前來指引和協助你。

- 在祂們與你連結時，深呼吸，放輕鬆。

- 解讀牌卡的指引並遵照指引。

發現可將自己的能量導向哪些地方，
幫助共同創造黃金未來

- 在心裡默念或大聲說出，要獻上你自己為神性服務。

- 洗牌並抽一張牌。

- 解讀那張牌卡的資訊，感應黃金未來的光。

- 請求促進那張牌卡能量的靈性存有前來指導你。

- 在祂們連結到你的氣場時，想著或說出對方的名字。

- 解讀牌卡的指引。

- 採取建議的任何行動。

- 觀想光輝燦爛的黃金未來，因為這麼做將有助於共創黃金未來。

聚焦在揚升

- 在心裡默念或大聲詢問：「我需要聚焦在什麼才能促進我的揚升？」

- 洗牌並抽一張牌。

- 解讀牌卡的資訊，感應黃金未來的光。

- 請求促進那張牌卡能量的靈性存有與你同在。

- 在祂們連結到你時，想著或說出對方的名字。

- 解讀那張牌卡的指引。

- 遵照指引並將那種存在方式融入你的生命中。假使還不可能辦到,請盡可能清晰地觀想那個存在方式且盡你所能採取實現它的任何步驟,例如運用祈禱或肯定語句。

冥想與省思

- 瀏覽一下這套牌卡,選擇三張對你說話的牌卡(或感覺適合你的任何牌卡數)。
- 將這些牌卡放在你的祭壇上或你很容易看見的地方。
- 求神賜福給它們。
- 請求促進那些牌卡能量的靈性存有與你一起運作。
- 靜心冥想並好好省思那些牌卡。
- 決定你可以做些什麼才能在你的人生中活出這股能量。
- 留意這讓你感覺如何。

在睡眠期間接收靈性支持

- 挑一張牌卡或選一張感覺適合你的牌卡。
- 求神賜福給那張牌卡。
- 請求促進那張牌卡能量的靈性存有在你睡眠期間與你一起運作。
- 解讀那張牌卡的資訊,推敲細想牌卡的指引。

- 好好睡個覺，信任你已經吸收到黃金未來的某些能量。
- 只要感覺合適，就與這張牌卡共眠，然後再選擇另一張。

散播黃金未來的智慧與希望

- 盡可能時常為他人解讀牌卡。
- 假使某人提出問題，邀請對方抽一張牌，然後分享更高的視角。
- 當你聽見某人負面消極時，提供一張牌卡給對方，提升對方的振動。
- 運用這套牌卡開啟正向的對話，討論我們正在創造的世界。
- 提供解讀，為周遭人帶來希望。

提升頻率

- 套牌卡屬於五維。當你握住它的時候，它便提升你的頻率。
- 在你解讀這些牌卡的時候，它們便將你提升到第五維度。
- 與牌卡的靈性存有連結，祂們必會照亮你。
- 為他人解讀，讓對方充滿希望。

如何詮釋
《黃金未來牌卡》

1. 人口

抓住機會

　　長久以來，各個宇宙的眾生一直對敢於投生到地球上的勇敢靈魂肅然起敬，因為「自由意志」使地球成為很難協商的地方。但有機會體驗到這個層面，以及它無與倫比的靈性成長機會，也被認為是祝福與特權。

　　尚未完成業力的數十億靈魂，已經獲得「本源」的特許返回到地球，嘗試在二○三二年地球的新藍圖被啟動之前，完成他們的使命。到了二○三二年，你必須敞開心扉，否則將會返回到內在層面或另一個三維層面繼續你的靈魂旅程。未來地球的人口會減少，直至達到最適宜的人口數、有空間提供給全體人類為止。

在黃金未來，人人是五維，

而且欣然接受在地球上生活的光榮機會。

指引

得到這張牌卡呼籲你充分利用生命中的所有挑戰和冒險，因為你處理這些事件的方式影響你的靈性成長。

每天早晨，好好迎接新的一天，順其自然，擁抱你體驗到的一切。知道你的靈魂將每一個邂逅和事件吸引到你的生命之中，豐富你或考驗你。

我們全都影響著彼此的生活，而且你每天所做的選擇不僅大大影響你自己的未來，也大大影響你身邊人的未來。你的反應和回應影響你的氣場，吸引屬於你的功課。

蓋亞女士（Lady Gaia）是賦予地球靈魂的九維藍綠色天使，祂親自發出邀請，深情地歡迎你來到地球。現在，祂請求你帶著感恩、愛、喜悅活出你的人生，彷彿現在已經是黃金未來。要做出明智的抉擇，記住蓋亞女士多麼愛你。

2. 社區生活

擁抱五維社會

　　在黃金未來，人們生活在以心為中心的社區中，鄰里間相互支援，彼此關懷，人人有歸屬感且覺得受歡迎。每個群體都富裕豐盛、自給自足。由於科技先進，個人只有在工作帶來靈魂滿足的前提下才會選擇工作，因此大家有時間參與建設性、令人充實滿意的消遣，也積極參加體育運動。頻繁而愉快的慶祝活動會使頻率保持在高檔。

　　由於人們生活在合一之中，因此很高興沉浸在他人的創意表達與歡樂中。他們會不斷地將美好的品質反映給對方。幾千年來頭一次，人們體驗到真實的幸福快樂。他們在日常生活中表達這點，善意地互相提供服務，好好享受豐富的內在生活，洋溢著自我價值、和平、安詳、愛。

在黃金社區中，人們表達真實的自我，

而且在彼此身上看見神性。

指引

　　你的指引是要在帶出意識與更高思維方式方面起到關鍵作用，幫助實現光輝燦爛的黃金未來。

　　瑟若佩斯‧貝大師（Lord Serapis Bey）源自於金星，也是「亞特蘭提斯白色揚升火焰的守護者」（the Keeper of the White Ascension Flame of Atlantis），祂將會幫助你。身為「大自然、和諧、平衡」的綠色第四道光大師，祂邀請你調頻聆聽且好好吸入祂的綠色本質。這使你能夠培養安詳與內在的平和，以及良好的判斷力、自信、自律。然後散播這些品質，成為和平使者、藝術家、音樂家或創作家。人們將會對你有信心而且信任你。

　　瑟若佩斯‧貝也與水瓶座新黃金時代的「紫水晶與紫羅蘭光束」（Amethyst and Violet Rays）合作。當你沉浸在祂的綠光以及「紫水晶與紫羅蘭光束」中的時候，就可以取用祂為我們的黃金未來帶來的教導，這些在能量上隱藏在「大金字塔」（Great Pyramid）之中。

3. 新一代的孩子
發揮你的潛能

　　許多獨特、敏感、高能量的孩子目前正陸續投胎，他們的程式編排帶有黃金未來的靈性知識。這些靈魂隨身攜帶令人耳目一新的新觀點，而且因為出生時不帶業力，他們享有自由和輕盈感。

　　他們將會體認到，在成長的過程中，自己需要被刺激、保持感興趣、允許在身體上表達自我。隨著頻率提升，他們會發現人生變得比較容易接受，而且隨著空氣變得更純淨且食物變得更天然，他們必會容光煥發。

　　人人擁有敞開的十二個脈輪，帶著十二股相連的 DNA（去氧核糖核酸）。這使他們的力量能夠被啟動，從而成為未來的主人。他們會得到教導，培養實現黃金未來需要的責任。

到了二〇五〇年，所有寶寶出生時都帶著略為狹長的腦袋，這標示全新黃金時代的腦容量較大。他們的大腦將被配置成足以理解新的靈性科技。他們令人敬畏的通靈和靈性天賦與才能將會準備就緒，可以派上用場。

在黃金未來，

所有孩子的潛力與天賦都受人敬重且得到鼓勵。

指引

聖母馬利亞（Mother Mary）監督著新一代孩童的投胎轉世，幫助他們發揮潛能。你的任務是要認出和欣賞他們，讓他們可以充分發揮力量同時幸福快樂。

與此同時，認可自己也很重要，因為這張牌卡表示，聖母馬利亞也正在點亮你潛在的天賦與力量。這位美麗的存有長久以來一直在滋養和愛護著孩子們，而且祂正在邀請你將你的內在小孩（inner child）交給祂，從而得到鼓勵、祝福、靈性覺醒。

在你的靈魂之內有許多潛力等候著要湧現出來，所以要允許你的真實本質發光發亮。

4. 家庭關係

心心相印

　　在黃金未來，頻率高的成年人只對奠基於眞愛的關係感興趣。他們尋覓能夠相互賦能培力的對象。

　　家庭成員必會心連心，不斷地彼此心心相印，做出實現幸福與和諧的抉擇。因爲人人懂得心靈感應，所以溝通交流完全透明而誠實。每一個人都會直覺地理解和尊重所有家庭成員的需求。潛在的擔憂或情緒課題會立即被解決且得到相當的尊重，因此一切敞開。這將會創造愉快、滿足、充滿愛的家庭。

　　每一個到來的靈魂都經過規劃而且被需要。他們必會得到滋養，被社區和家庭視爲珍貴的一分子，因此所有孩子都感覺到完全被愛、有歸屬感。由於他們接收到五維的教養，因此在通靈和靈性方面的天賦會自動開啟。

在黃金未來，

所有關係都建立在自我價值和誠實的基礎上。

指引

這張牌卡要求你與家人和朋友培養心與心的連結。要練習調頻聆聽他人真正想要什麼而且用心傾聽。

與此同時，體認到並履行自己潛在的需求也很重要。當你對自己誠實並給予自己尊重、愛、仁慈、使你心滿意足的不管什麼東西時，你與自己的關係就會變得更有愛、更滿足、更有力量。於是你的自我價值感和幸福感影響你的家人、摯愛、朋友、周遭的每一個人。

觀音（Quan Yin）是愛的女神，祂正在幫助高頻的家庭基於至善調頻對準彼此。不妨請求祂幫助你在你自己和你所愛之人的周圍，創造幸福、愛、智慧、理解的金色氣場。觀想你自己和你的家人在這圈金色的防護膜裡。

5. 教育
擴展右腦的創造力

在黃金未來，人們體認到教師的角色至關重要。他們會受到尊重和崇敬。

教育會比較強調右腦的創造力和體驗，比較不強調左腦吸收他人的知識。高品質的教學計畫必會帶出學生個人的天賦。

教育將會更加側重於社交技能和公共責任，以及靈性與心靈的發展。年幼的孩子練習放鬆、觀想、心智操控等顯化的基礎。年長的孩子則接受進階冥想與通靈訓練。

慈愛、慷慨、關懷植物和動物全都是五維生活的基礎部分，各個年齡層的孩子都會加以練習，也會運用水晶以及連結到恆星。教育會盡可能地在戶外大自然中進行。

擴展右腦使你不斷保持連結到「本源」。

指引

庫圖彌大師（Lord Kuthumi）源自於金星，祂是「世界導師」，也是內在層面學習學校的負責人。祂目前監督黃金未來的全新教育體制，尊重目前投胎的高頻孩童的需求。經由調頻聆聽祂，你正在幫助世界實現這點。

選擇這張牌卡暗示，庫圖彌大師正在吸引你的關注。該是你培養某種天賦、技能、品質或潛在知識的時候了，因為那會為你帶來滿足感。

庫圖彌大師要求你花些時間探索你的品質和才能。請記住你獨一無二、相當特殊，而且準備就緒，要進一步展現你的靈魂。

你可能喜歡安靜地坐著，觀想自己在黃色的保護膜之中，調頻聆聽庫圖彌大師。請求祂讓你留下深刻的印象，明白你現在需要學習或理解什麼。

6. 休閒與運動

好好參與且樂在其中

　　由於沒有我們目前所知的工作，人們在黃金未來會有許多閒暇時間，而且有好好享受閒暇的心態。這些高能量的靈魂將會需要在身體上表達自己，因此每一區都有公共體育設施，供大家免費使用。

　　在五維意識中，人人完全誠實且尊重設備，因此設備會留在體育館內或開放空間中，供大家使用。休閒娛樂區會建造清澈純淨的湖泊和水池，停泊公有船隻並提供形形色色好玩的水上運動設備。

在新意識中，不再有寂寞感。人人有歸屬感，坦誠
而友善，因此人們自然而然地聚集在一起且邀請其
他人參與活動。

指引

選擇這張牌卡暗示，你可能會因為回顧如何度過空閒時間而受益。你參與活動且鼓勵他人加入嗎？你分享設備與財物且尊重而關心地對待它們嗎？你是否以最佳的方式鍛鍊身體呢？

大祭司宙斯（Zeus）在亞特蘭提斯黃金時期（Golden Era of Atlantis）創辦了最初的「奧林匹克運動會」。大家基於享受和健身而參加，也為了落實卓越與合作。不妨請求宙斯監督你在閒暇時間如何享受活動或運動，因為在我們邁向黃金未來之際，這點會變得越來越重要。

好玩、享受、放鬆、身體表達與團結相聚是新範型中備受推崇的品質。聚焦在你的橙色「臍輪」，點燃社群參與的溫暖內在光芒。

合適的話，請求宙斯為你打開休閒消遣的新門戶。你的指引是要做些體能鍛鍊或加入另一項社交活動。要盡情享受。

7. 創造力

表達你的靈魂能量

　　在黃金未來的社交時代，幾千年來頭一次，人們有時間和機會運用創意表達自己。一群群藝術家齊聚一堂，傾注心血繪畫或創作。詩人們相約見面，闡述並分享訊息。一群群快樂的人們一起設計、發明或製造東西，互相激勵點子想法。他們有自信地這麼做，因為所有右腦創造力和藝術表達將會受到珍視、尊重、支持。人們也會體認到，在連結到和諧宇宙的智慧方面，右腦多麼重要。

　　隨著神聖男性（Divine Masculine）與神聖女性（Divine Feminine）達致平衡，人人都會準備就緒，可以交流與分享自己的靈魂本質。

創造力與藝術表達使你的靈魂調頻對準靈性界域。

指引

這張牌卡提醒你，各式各樣的創造力打開並擴展你的右腦，使你能夠取用最高階的靈性頻率。這是與「威尼斯人保羅大師」（Lord Paul the Venetian）連結的邀請，這位偉大的大師正在為我們的黃金未來帶來表達的自由。祂會幫助你開發真正的你。

「威尼斯人保羅大師」可能會用光輝燦爛的黃色觸動你，使你的靈魂自由，可以表達你的更高願景，或者，祂可能會用美麗的粉紅之愛包圍你，幫助你發揮想像力。吸入祂的色彩，給予自己時間和閒暇創造美麗的事物。無論你是初學者，或已經是藝術家或發明家，祂都會鼓勵你。記得要尊重和珍視你創造的不管什麼東西以及他人的表達。

創造力會為你的靈魂帶來心滿意足與平靜。經由開發你的右腦，它也會幫助你為黃金未來預作準備。

8. 音樂
使自己進入神性的和諧

　　當聲音與和諧的重要性被充分理解且用來造福人民時，音樂將在新的黃金時代備受歡迎和欣賞。一群群人們聚集在一起表演或聆聽。音樂將會帶來許多平和與享受，可以用來放鬆休息或改變心境。

　　恰當的振動幫助孩童與成人學習和吸收資訊，而且將會基於療癒和顯化而響起。

　　人人有機會演奏樂器。樂器將會免費提供給任何人使用，而且會被慎重地對待。假使某人與某件樂器特別合拍合調，人們會接受且尊重這點，因此只要這人需要那件樂器，那件樂器便歸這人使用。

　　由於人人感覺到平和與滿足，因此所有音樂都很和諧，反映出聆聽者與演奏者的一致性。

在黃金未來，音樂與和聲將是

享受、療癒、相聚的原因。

指引

你的指引是要聆聽某些優美的音樂，讓它將你連結到大天使聖德芬的銀光，這位「音樂大天使」與創造的和聲共事。祂與「天體的樂音」（Music of the Spheres）合拍合調，這是恆星運動創造出來的完美和諧。

觀想自己置身在聖德芬的奇妙乙太靜修區，即位於瓜地馬拉阿蒂特蘭湖（Lake Atitlán）的神奇水晶洞。放眼望去，感受到宇宙的浩瀚，星辰全都散發著神性的音符。

請求大天使聖德芬校正你，使你與你的五維藍圖契合相映，讓你隨著恆星的能量與新的黃金時代振動。你越是讓自己歸於中心和放鬆，祂就越可以提升你的頻率，帶你進入宇宙的神性和諧。

9. 住家

生活在合乎生態、有創意、
好玩的空間裡

在黃金未來，房屋將由可生物降解的堅固植物材料建造而成，這些材料被擠壓成絕妙的弧形且擁有美麗的色彩。某些是生態艙——通風、輕盈、容易塑形。所有住宅都與景觀和諧一致。

許多住家將會成群安置在某棟社區建築物周圍，有共享的洗衣或烹飪以及休閒設施。節約用水、太陽能、其他動力能源將是所有房舍的一部分。此外，好玩的元素，例如從臥室滑進游泳池的滑梯、彈跳床、高空滑索，以及我們目前無法想像的樂趣，都會被建造在住家裡。

由於人口少許多，土地的壓力也會比較小，於是大部分的建築物是單層，讓人們可以與地球保持連結。

在五維意識中，不會有個人的產權。住家由人民為人民共同建造，而且將會截然不同於我們目前想像得到的任何事物。

在黃金未來，人人有合乎生態、無毒的住家，

人們在此感覺到安全、有保障、快樂幸福。

指引

你的指引是要斟酌細想如何使你的住家（以及你的生活）合乎生態、健康、和諧。

大天使加百列是聖潔、喜悅、創造力的純白天使，掌管未來的住家。不妨請求祂將祂巨大的宇宙級鑽石安置在你和你的住所上方。放輕鬆，花點時間好好體驗這點。它會提純淨化你的住所以及你的本質，使你的意識能夠擴展，變得更加敞開且有創意。

好好細想如何提升你的住家的頻率。你該如何在住家內表達你的個體性呢？該如何增添輕盈、好玩、喜悅呢？要讓你的住家成為充滿愛、關懷、美麗的空間。

10. 食物

選擇當地種植的有機農產品

到了二〇三二年，多數人口是素食，儘管有些人會吃魚。總的來說，五維人類需要清淡許多的食物，才能維繫生命並保持高頻。

所有水果和蔬菜會在當地以自然、有機的方式種植。它們會在由可生物降解的植物材料製成的巨型大棚中生產，大棚具有保暖和其他目前難以想像的屬性。人們會慷慨地匯集所有知識，因此超級先進的水耕栽培法和其他食品生產技術突飛猛進。這也意謂著，一年到頭都可以在各地買到新鮮的農產品。

園丁們會與植物交談，播放音樂給植物聽，對水晶進行程式編排，幫助植物健康地成長。他們會與照顧自然界的元素精靈（elemental）溝通交流，於是元素精靈會告訴園丁們植物到底需要什麼。元素精靈也會說服有裨益的昆蟲前來幫忙。結果將是生產出許許多多營養的食物。

在黃金未來，食物將是免費、

充足、有機種植、營養豐富。

指引

這張牌卡提醒你留意飲食。盡可能地選擇清淡的有機食物，才能建立你的「水晶光體」（crystalline light body），那是你在黃金時代的新形相。

即使你只有空間擺放幾盆植物，也要種些香草或水果和蔬菜，而且慈愛地照顧它們。要調頻聆聽綠色世界。請記住，你越是培育植物，它們就會越常回應你。你的指引是要與它們打交道並留心觀察植物的進展。

小仙子（fairy）和元素精靈也等候著我們與之合作，造福大自然和人類。要與祂們交談，尤其是小仙子、小妖精（pixie）、淘氣小精靈（elf）、自然界的精靈（nature spirit）。祂們聽得見你的心聲而且一定會協助你，確保你的土壤肥沃，收穫豐盛而營養。許多大自然的隱形幫手都是美麗的五維存有，等候著你與祂們連結。

11. 共有市場

相信你需要的一切
都會來到你身邊

在黃金未來，一切將在當地採買、種植或創造，因此所有農產品都非常新鮮。市場成為歡樂的公共聚會場所，產品展示在圓形的浮動式桌台上。一切資源被集中起來，大家交換、分享或免費贈予。人們拿取需要的物品，而且沒有人會拿取超出自己需求的東西，因為他們知道資源充足。

有創意的人們會精心製作物品或畫畫，然後愉快地贈送出去。凡是需要的東西，都會由社區為社區顯化。

人們知道，不管需要什麼，都會在他們需要的時候出現。

在五維的豐盛意識中，大家都知道，人人有份。

指引

當你得到這張牌卡時，它提醒你，不求回報的付出是五維的存在方式。

不妨請求「愛的天使」大天使夏彌爾的雙生火焰「大天使雀芮媞」（Archangel Charity）打開你的內心和頭腦，迎向豐盛意識，讓你自由、快樂、慷慨地付出。你可以給予物品、愛、關懷或你的時間。

奇妙的大天使雀芮媞會對你的態度做出回應，而且當你的態度無私而慷慨時，你會自動得到十倍的回報。你可能不會得到跟你的付出一模一樣的東西，但是回報將是基於你的至善的事物。

當你帶著愛創造美麗的事物時，你傾注在創作中的愛的能量也會使你的人生豐富十倍。

這張牌卡的訊息是要帶著敞開、付出的心生活。這會提升你的頻率以及你的受惠者的頻率。這就是在為你預作準備，迎接黃金未來的生活。

12. 衣著服飾

讓你的外在表達你的內在

在黃金未來，科技使我們能夠生產出輕盈、透氣、極其舒適且具有自行清潔特性的材料。這類材料不僅允許我們自在靈活地行動，而且無論天氣如何，都會為我們保持理想的溫度。隨著神聖女性與神聖男性達致平衡，許多女性將會選擇舒適與流暢優美，穿著色彩繽紛、簡約、一體成型的緊身連身褲。

某些女性一直無法自由地展現自己的陰柔面，有時候持續好幾輩子，她們會選擇美麗、明亮、材質華麗的洋裝來實現這點。

男性也會偏愛易於穿著和保養的舒適衣服。人們會穿上想穿的任何服飾，而且大家都接受。

在黃金未來，沒有小我（ego）、競爭或時尚強行規定，人們可以自由穿搭，以此表達自己。

指引

這張牌卡的訊息是要注意，你如何向世界表達自己。你穿著的衣服代表你的真實感受嗎？你真正想要如何描繪自己的本質呢？什麼色彩展現真正的你呢？當你的外在表達誠實地反映你的內心感受時，你的內在就有和諧與一致感，於是人們信任你、喜歡你，在你身邊感到安全。你也信任且喜歡你自己。

「阿西西的聖嘉勒」（St Clare of Assisi）與「阿西西的聖方濟」（St Francis of Assisi）一起創立了「貧窮修女會」（Order of Poor Clares），前者現在是更高階層的揚升大師。祂正在照亮人們的靈性覺知及其他，其中包括幫助人們透過服飾傳達自己內在的真相。

不妨請求祂透過服飾幫助你真誠、自由地表達自己，使你的內在與外在自我相映契合。

13. 工作滿意度

追求使靈魂充實滿意的事物

　　在黃金未來，沒有我們今天所知的就業，也沒有金錢。先進的靈性科技意謂著，每一個人都可以自由地去做使自己的靈魂心滿意足的事。

　　熱愛繪畫、種植農作物或烹飪的人們會做他們愛做的事。樂於教學、發明、療癒或駕駛某些交通工具的人們會自由而歡喜地自願提供服務。喜悅地為他人提供服務是高階意識的一部分，而且服務工作本身會帶來成就感。

　　因此，一個體貼關懷的五維社區將會滿足人們的需求。人人得到平等的對待，而且快樂地為整體的福祉做出貢獻。大家也會尊重和欣賞每一個個體的自由抉擇。

在黃金未來，
人們只做使自己有成就感和幸福感的事。

指引

得到這張牌卡暗示，你祝福並感謝人生中所有美好的事物。要在所有情境和人們之中尋找神性，於是你可以在目前所做的一切當中找到喜樂。

然後花時間推敲細想什麼使你真正充滿成就感、平靜感或靈魂滿足感。

當你清楚怎麼一回事的時候，不妨請求自由女神兼亞特蘭提斯時期「自由神廟」（Temple of Liberty）裡的高階女祭司「波夏女士」（Lady Portia）使你擺脫束縛與限制，讓你可以在心智和情感上自由。

請求祂將這個願景安置在你心中，讓你從宇宙中吸引它。然後看見自己全然自由地追隨你的喜樂。

最後，要為自己的幸福快樂負責。有意識但體面地讓自己擺脫局限你的人們和情境。要做出決定，去完成使你感覺美好且活得喜樂的事。

14. 健康與療癒
調頻進入你的神性藍圖

在黃金未來，人們能夠保持完美的健康。人人對自己的心智、情緒、身體安康負起責任，使用草本、優質的有機食品、純淨的水、鍛鍊和正向性來保持身體隨著生命力流動。

不需要醫院，但會有小型的當地療癒中心。在此，療癒師會運用聲音、光、神性能量使需要達致均衡的人們的脈輪保持平衡。療癒師提升患者的意識，將患者提升至超越其身體狀態的頻率，把他們帶進五維健康藍圖的光之中。

雷射光會被用來編織骨頭，甚至療癒脊椎骨折。一群群訓練有素的療癒師有能力集中意圖和念想，使所有病症得到修復。

完美的健康和生命力

*　　被編程進入你的五維神性藍圖之中。*

指引

選擇這張牌卡暗示，時候到了，該要對自己的健康負起全部的責任，使自己與五維的健康藍圖契合相映，而且該要訓練自己成為療癒師，幫助他人。

要調頻聆聽耶穌的雙生火焰「娜達女士」（Lady Nada），祂正在這個宇宙中散播宇宙之愛，監督著自然療法和古代智慧的回歸。

詢問祂你需要做什麼，才能使自己達致完美的平衡與健康。然後採取必要的步驟。

假使你感覺得到呼召，要成為療癒師或增強你的療癒力，請召喚祂，向祂求助。祂會啟發你去完成履行這個天命需要做到的事，也會協助你培養直覺和智慧，以及你的療癒能力。

15. 旅行

找到合乎生態的方式探索世界

　　二〇三二年之後不久，清潔、環保的動力能源促使旅行和探索重新復甦。交通工具將會採用合乎生態的動力且由可生物降解的植物材料製成。飄浮板（hover plate）和靜音迷你直升機將在當地旅行中大受歡迎。許多個人會重新啟動自己的飄浮能力，能夠以飄浮方式做短途旅行。

　　若要旅行較長的距離，交通工具會像鐵路一樣在空中沿著指定的階層移動。其中大部分由遠端操作，但某些會由志工引導。

　　到了二〇五〇年，生態動力火箭會以超出我們目前理解的速度將旅客運送到世界各地。

　　人們將能夠自由地移動到每一個地方，無須護照。不會有國界，每一個人都帶著敞開的心處處受歡迎。

在五維意識中，人們知道他們的需求總是會得到滿足，因此交通工具總是會在完美的時間出現！

指引

如果你得到這張牌卡，那麼照顧形形色色旅行且保護旅行者的大天使拉斐爾正用祂的祖母綠光觸動你。大天使拉斐爾掌管眉心輪，祂使你敞開，以新的方式看待人生、探險、探索。

我們生活在一個遼闊、多元、瑰麗的星球上，有許許多多可以見識和體驗。你的指引是要按照你的提示漫遊，但是要尋找合乎生態的方式。步行、騎自行車、搭乘船隻或火車旅行需要較長的時間，但是可能回報更豐富。

要帶著興趣、欣賞、尊重，探索不同的地方、文化、社會。也好好享受自己國家的奇觀。旅行是為了體驗和讚歎我們的輝煌世界多元多樣。

16. 通靈天賦
學會信任你的直覺

　　當人們「喉輪」的頻率完全達到五維時，就懂得心靈感應。這產生直接、誠實、清明的溝通，進而創造信任、和平、安全感。

　　當眉心輪的某些密室被啟動時，靈視力（clairvoyance）與遙視（remote viewing）就有可能。在黃金未來，人人看得見氣場和能量場，因此一切都會顯露出來。我們可以確切地知道每一個人的本性、他們的天賦與才能、以及他們的感受。人人有能力直接從眉心輪到眉心輪傳送和接收視頻訊息，而且調頻聆聽遠處正在發生的事。許多人會有能力看見未來。

　　隨著世界之間的帷幕變薄，人們可以透視維度，以靈視力看見靈性界域和天使界，並與指引和幫助我們的光之存有（being of light）溝通交流。

在黃金未來，人們的心智平靜、清明，

這使他們有能力開發通靈天賦。

指引

選擇這張牌卡表示，時候到了，該要請求「大天使穆列爾」（Archangel Muriel），祂是掌管「愛、慈悲、和諧」的美麗粉色兼白色天使，可以幫助開發你的通靈脈輪以及使你有自信接收指引。祂使你有能力用新的眼光看見並信任自己的第六感，於是你歸於中心且摒除雜念。你越深入地放鬆並撫慰你的念頭和情緒，就越容易帶出你的通靈與靈性天賦。

要清楚地覺察到你的直覺且依據直覺採取行動。好好觀察人們在你心靈留下的印記，而且學會信任你接收到的訊息。要練習透視以及眼光稍微超越人們和樹木，感應對方氣場洩露的訊息。好好驗證閃現的直覺，它們會變得更強烈、更頻繁。

17. 瞬間移動與飄浮

擴展你的天賦和力量

二〇三二年全新黃金時代開始之後不久，許多人將有能力離地上升並飄浮一小段距離，去到不同的地點。他們也會有瞬間移動物體的能力。

到了二〇五〇年左右，人們將有能力把自己瞬間從某個地方移動到另外一個地方。

不過，這些移動方式需要大量能量，因此多數人總是偏愛使用交通工具，利用通用的動力而不是自己的能量。

亞特蘭提斯的大祭司與高階女祭司們有能力滑翔到波賽頓神廟（Temple of Poseidon）上方，有些甚至可以飛到其他恆星系統參加銀河系際會議。

二〇五〇年之後不久，地球上的居民將會取回亞特蘭提斯期間就擁有的所有令人敬畏的天賦，然後他們的力量必會大增，超越那個時代的任何想像。

指引

這張牌卡提醒你，你是非凡的靈性存有，擁有許多潛在的天賦和才能。假使你有時候夢見自己在飛翔，那麼你正在憶起你在亞特蘭提斯時期就擁有的先進力量。你是否曾經同時在兩個地方被人看見呢？如果是，那麼你當時同在兩個時空。你曾經隱形過嗎？在那個片刻，你將自己的頻率提升到超出人類視覺的正常範圍。你甚至可能已經瞬間移動到另外一個地點。

聖哲曼（St Germain）是偉大的煉金大師兼魔法師。祂現在是「黃金天秤的守護者」（Keeper of the Golden Scales），而且正在幫助你帶出你的天賦。不妨請求祂將祂的金色與紫羅蘭色光柱安置在你的上方，使你敞開來，接納你的真實本性。要承認並相信等候著你的種種可能性。那是邁向重拾力量、為黃金未來預作準備的第一步。要信任聖哲曼正照看和推動著你的進步。

18. 顯化與心智操控

集中意念

　　深度放鬆、默觀（contemplation）、觀想（visualization）是保持高頻和啟動靈性天賦的基礎。在黃金未來，每一個人，包括孩子，都會練習這些技巧。他們也會學習心智操控的方法，精確且清晰地觀想，直至他們的眉心輪強大到足以顯化爲止。

　　後來，當人類的五維臍輪完全覺醒時，人們會練習更高階的顯化技術。個人與社區會在自己的臍輪中創造想要的畫面，然後運用其「昆達里尼」（kundalini，譯注：又譯爲亢達里尼、軍荼利、靈量、拙火，梵文原義是捲曲的意思。印度瑜伽認爲，昆達里尼是有形的生命力，也是性力的來源，捲曲在人類的脊椎骨尾端）的力量將畫面向上透過眉心輪帶入「靈魂之星脈輪」的高頻。當如此基於至善的圖像從靈魂之星脈輪流出時，它便自動地將那個物體或情境從尙未顯化的世界磁化到物質世界裡。當幾個人共同合作的時候，就可以讓魔法發生。

運用觀想、心智操控、水晶和聲音基於至善顯化，
將會蛻變人們生活的方式。

指引

這是一張力量牌卡。得到這張牌卡是要提醒你，你有尚未開發的天賦可以培養。帶出你之內潛在可能性的時候到了。你的指引是要練習深度放鬆、花時間安靜地默觀、好好觀想。

心智操控讓人擁有巨大的影響力。必須有智慧地使用它，而且只基於全體的至善。在應用這份天賦之前，要確保你是以五維的方式生活，與他人合作且合而為一。然後帶入你的十二個五維脈輪。想像這些脈輪每天變得更大、更明亮，直至感覺到你的臍輪變成亮橙色為止。

然後請求偉大的煉金師兼魔法師梅林大師（Master Merlin）在你練習顯化的時候基於至善監督你。好好利用這點幫助世界。

19. 性慾

表達純粹的愛

　　愛的「本我輪」與合一的臍輪是兩個獨立的中心，封裝在一個大型中心內。當它們達致平衡且能量在其間完美地流動時，人們便理解並體驗到更高的愛。它們也開發純粹的「靈感力」（clairsentience）。

　　當人們生活在五維頻率時，他們的本我輪就變成最柔和、最精緻的粉紅色。在這個層次，性慾是帶著愛、榮譽、尊重溫柔地表達。性交成為純愛的超然交流。

　　當人們的男性與女性能量完美地達致平衡時，許多靈魂將會具體化現為兩性兼具。本身完整的他們，將會超越我們今天所知的性慾。

在黃金未來，夫妻將透過性慾體驗到超然的愛。

性會被認爲是神聖、特殊、美麗的。

指引

得到這張牌卡暗示，開發本我輪高階密室的時候到了。這裡的功課包括關心他人、給予愛、分享愛。最終的功課是關於溫柔地培育和支持嬰兒或任何脆弱的生物。當你這麼做的時候，你的本我輪煥發出超然的美。它提醒你，任何類型的純愛都很特殊。

你被要求要以最偉大且最純粹的形式表達性慾，張開雙臂迎向他人或帶著愛、溫柔、關懷爲對方做些什麼。要珍惜人們，調頻聆聽對方的需求。

「阿芙蘿黛蒂」（Aphrodite）與愛、美、繁殖力有關聯，祂是亞特蘭提斯黃金時期「愛的神廟」（Temple of Love）的高階女祭司。當祂的人民建造這座直接連結到金星的神廟時，祂留給子民的第一印象就是感謝。所以，要感激你生命中所有的愛，而且請求高階女祭司阿芙蘿黛蒂幫助你開發超然的本我輪。

20. 機器人

運用智慧讓自己自由

在黃金未來，大部分工作將由機器人完成。它們會執行家務並完成所有日常工作。公民們不需要為了賺錢謀生而就業。他們有時間、空間、自由滋養家人、朋友、動物、土地，以及好好享受創造力、運動、學習或實驗。

在五維意識中，每一個人都會去做使自己靈魂心滿意足的事。最大喜樂是種植糧食作物、教導或療癒的人們一定會這麼做。社區方案會有人承擔，因為會有熱愛共同分享和關懷且不是被迫這麼做的個人。

因此，機器人使人們有時間和空間好好休閒和自我表達。每一個人都會熱愛探索自己的靈魂天賦和才能。

人人都有表達神性自我的自由。

指引

大天使約菲爾是偉大的金色智慧大天使，祂正在為每一個人帶出在靈魂層次真正表達自己的自由。為了實現這個目標，祂監督著機器人的巧妙使用，機器人的聰明才智將會被好好編程，幫助人類實現最高階且最有智慧的善。

選擇這張牌卡暗示，時候到了，該要好好考慮你目前覺得不得不完成的雜事。凡是感覺像苦差事或無聊煩悶的事都是在耗竭你寶貴的生命力。好好省思一下，假使你很自由，可以按照自己的意願運用那股能量，你會運用它來做什麼。讓你的想像力好好翱翔。

你的指引是要完成兩件事之一。你可以選擇改變對這些工作的態度，讓自己帶著喜悅的五維之心完成這些事。或者，觀想自己運用你的能量去做使你滿意和快樂的事。然後請求大天使約菲爾將你的願景化為現實。

21. 經濟
信任你的需求必會得到滿足

　　隨著國際貿易終止，仰賴出口的國家將會做出大規模的調整，才能自給自足並照顧其公民。當老舊的金融範型崩潰時，各種貨幣將會暫時取代它的位置，直至貨幣不再有價值爲止。然後人們會分享和交換想要或需要的物品。

　　隨著意識提升，全世界的個體將會明白，人人有分，因此不再需要擁有。明智的社區決策、敞開心扉的分享、慷慨的付出，將會取代老舊的經濟理念。人人會將資產和糧食集中起來，只拿取自己需要的東西。他們會共同建造住家，免費貢獻自己的技能。

　　當群衆們生活在沒有小我的五維頻率時，需要的不管什麼東西都會自動地得到。

在黃金未來，人們信任宇宙可以提供他們的所有需求，因此將會免費地分享自己擁有的東西。

指引

這張牌卡呼籲你敞開心扉，靜心冥想豐盛與繁榮在生命中流動。五維的思想和信念會自動、輕易地從宇宙中汲取你需要的任何東西，所以好好培育它們。

你個人的經濟狀況完全取決於你的意識。越多人們敞開心扉和頭腦接納神性，接受自己本該是宇宙摯愛的孩子，整個地球就越快地進入黃金未來。要為大家堅守這個信念。

被譽為智慧化身的佛陀「喬達摩大師」（Lord Gautama，譯注：釋迦牟尼）正在幫忙摒除對金融的老舊態度，創造公平而慈悲的世界。讓自己置身在祂的檸檬黃光之中，然後有意識地聚焦於豐盛。好好練習敞開心扉接受以及付出，同時以扎根接地、明智、務實的方式做出經濟決策。

22. 律法

有常識且負責任地採取行動

　　隨著世界的意識提升，未來不會再有我們現在所知的律師或法律，沒有法院，也沒有判決。人們不再需要這些，因爲法律規則將會自動地被個人的負起全責、常識、基於至善做出的決策所取代。

　　在五維中，沒有指責！人人都會體認到，他們根據自身的能量，將條件和環境吸引到自己的生活中。因此，個體會爲自己、自己的健康、自己的生活、發生在自己身上的一切負起責任。同時，大家都明白，我們對他人有責任，因此行爲舉止會有榮譽感和誠信正直，而且做出明智而公平的決定。

　　優質的決策力和全責性將會攜手前行。

在黃金未來，人人對自己的人生負起責任，

而且行事明智，爲全體謀福利。

指引

當你得到這張牌卡時，它暗示，你誠實且有常識地看待人生中的情境或關係。要公平對待各個方面，從各個角度推敲問題，而且對自己的言行負起責任。更重要的是，正視你所持有的想法和情緒，因爲這些有助於吸引或創造這個情境或關係。

時候到了，該要放下你的小我，觀想正確而公平的結果，並爲每一位相關人等帶來快樂幸福。

如果你需要協助才能做出明智的決定，不妨請求亞特蘭提斯的高階女祭司、人稱「眞理女神」（Goddess of Truth）的帕拉斯‧雅典娜（Pallas Athena）指引你。祂滿懷絲悲地理解你所有的潛在動機。祂也看穿幻相，將眞理與誠信銘印在你內在，讓你做出恰當而公正的抉擇。祂使你的光能夠明亮地閃耀。

23. 大自然
調頻聆聽自然界

在黃金未來，人人有十二個敞開且活躍的五維脈輪。我們雙腳底下的銀色「地球之星」脈輪內含三十三間與自然界同頻的密室。當每一個人都錨定了這個脈輪時，全體人類就會連結到蓋亞。億萬年來頭一次，我們在我們的美麗星球上輕盈地行走，留下金色的足跡。

人人愛護且尊重樹木，那些睿智的有情存有提供糧食和庇護所，記錄當地的歷史。我們將會敬畏森林，它們儲存著等我們準備就緒才可以取用的宇宙智慧。我們將會好好享受鮮花、綠色植物、水和鳥兒，而自然界則會以平和與療癒擁抱我們。

我們也會體認到使我們的星球保持綠色、健康、清潔的元素精靈並向祂們致敬。祂們必會做出回應，以難以想像的方式幫助我們。

在黃金未來，人類、元素精靈、

天使界會共同創造人間天堂。

指引

這張牌卡提醒你，要熱愛並敬重大自然王國。輕輕地踩踏在大地上，所到之處留下美麗的金色足跡。請記住，無論你給予大自然什麼，它都會加倍回報給你。

抽到這張牌卡可能是因為你與地球和自然界有著深厚且充滿愛的連結。假使情況如此，不妨與「大天使波利梅克」（Archangel Purlimiek）溝通，祂是奇妙的藍綠色大天使，監督著自然界。由於地球上的自由意志，祂無法在沒有人類許可的情況下採取行動。要請求祂幫忙和保護植物、樹木、河川、大地本身。告訴祂需要什麼。你的代禱將會不可估量地幫助祂完成祂的使命，而且你的回報必會充實豐富你的心輪。

24. 我們的美麗星球
修復自然界

在黃金未來，人類會與大自然攜手合作，而且有意識地與照顧綠色世界的元素精靈合作。當人人有愛心地與小仙子和自然界的精靈溝通交流時，樹木和植物就會繁茂興旺。水仙女昂丁（Undine）、水元素精靈，會幫助我們提純淨化海洋與河川。火蜥蜴（Salamander）會用火啟發和溫暖我們。風精靈西爾芙（Sylph）會吹走心智蜘蛛網與卡住的能量。

隨著土地重新恢復自然地貌，灌木叢、樹木、草地花卉、鳥兒和動物會大量繁殖。當社區變得自給自足且體認到這一切的重要性，樹籬會被重新種植起來。鳥兒歡快的合唱會再次響起。園藝、重新造林、社區果園的種植會成為勢不可擋的運動。大自然將會掃除老舊世界，同時適應氣候變遷和頻率提升的全新花草樹木會出現。

在黃金未來，人類和元素精靈會共同合作，

使自然界能夠繁榮興旺。

指引

你的指引是要與監管大自然與元素精靈王國的九維元素精靈大師「潘」（Pan）溝通交流，確保大家和諧地運作，幫助並支持我們的星球。要與元素精靈交朋友，祂們必會照顧你和你周圍的綠色植物。當你與祂們交談時，要知道祂們聽得見而且一定會回應。

藉由觀想黃金未來會是什麼樣的世界，你可以深邃地影響發生的事。嚮往成群的蝴蝶在野花草地上翩然起舞。想像蜜蜂在蜂巢周圍快樂地發出嗡嗡聲。看見沙漠再次開花。觀想茂密的森林和樹林，清澈的河川或溪水川流而過。你的畫面准許「潘」指揮自然界的精靈們，將你的願景化為現實。這是極其重要的任務。

要盡你所能用行動支持夢想。

25. 動物

尊重動物王國

最初，人類和動物受邀前來共享這個星球，目的是讓我們彼此和諧、相互尊重地生活。這將會發生在黃金未來，而且當我們真正地理解、愛護、尊重所有生命形式時，地球的揚升就會加速。

人們一直是左腦主宰和心智導向的，而動物則是用右腦和內心體驗生命。許多物種已經揚升進入五維，而且我們很幸運，這些心胸開闊的生物會原諒我們對待牠們的方式。

在新的黃金時代，人類不會吃肉。不會有畜牧場。需要吃肉的生物將會逐漸退出這個星球，或發展出不同的下巴和內臟，讓牠們可以成為素食者。

為三維振動設計的特定動物和某些瀕臨滅絕的群體已經完成了牠們在地球的學習，將會返回自己原本的星球。新來的動物會進化，牠們是專為未來的更高振動設計的。

在黃金未來，人人尊重動物，

而且與牠們交流、合作。

指引

這張牌卡呼籲你理解所有動物並看見牠們內在的光。要推崇和尊重牠們。這將會加速牠們、你、地球的揚升。

與不同物種溝通交流的時候到了，因爲牠們已經準備就緒，而且願意與你分享牠們的希望和智慧。

「大天使斐利亞」（Archangel Fhelyai）是「動物大天使」。祂的乙太靜修區位於美國黃石公園的偉大動物能量之門。好好吸進祂美麗的陽光黃能量，然後請求祂幫助個別的生物或特定的物種。你的祈禱擁有超乎你想像的力量，而且全都可以用來協助動物或影響人類以體貼而尊重的行爲對待動物。

26. 地球的水域

祝福雨水、河川、海洋

水攜帶基督之光。它不僅在物理層次、也在靈魂層次蛻變轉化、清潔洗滌、提純淨化。我們飲用水、沐浴在水中,而且水存在於大氣之中,所以我們吸入水。水龍幫助水流動,使水帶著無條件的宇宙之愛觸動每一位有情眾生。

我們的海洋是宇宙之愛的水庫。鯨、海豚、鱝魚、海龜等高度進化的生物投生在海洋之中,因為在水裡更容易保持頻率純淨而高階。

當人們真正理解水的力量可以洗滌、傳播愛、提升頻率、淨化靈魂時,黃金城中將會創造出噴泉、溪流、湖泊。

到了二〇五〇年,運用透過水晶傳送的進階頻率波,水將會得到提純淨化。

我們的水域將會受到尊重且保持完全清潔，

因此每一個人都會得到許多祝福。

指引

　　藍綠色的「大天使朱爾斯」（Archangel Joules）負責地球水域的流動以及海洋中地殼板塊的排列。祂幫助所有水中生物的「地球之星」脈輪與上層脈輪同步打開。

　　你的指引是要觀想雙腳底下的地球之星脈輪閃爍著銀光。然後讓你的十二個脈輪打開，使你成為神性之光的通道。想像一下，你正站在如瀑布般傾瀉而下的純水底下，純淨的水直接流過你全身。要指揮基督之光透過你穿流，進入「中空地球」（Hollow Earth），造福地球和這個宇宙。

　　讓你的生命與無條件的愛一起流動。在做不到這點的地方，請求大天使朱爾斯和水龍幫助你。

　　要祝福你飲用的水，以及雨水、水坑、河川、海洋，因為這麼做將照亮它們之內的基督之光。

27. 十二脈輪

遵循你的揚升之路

　　到了二〇三二年，我們的星球會成為五維，因此每一個人都有十二個就位、敞開、活躍的脈輪。在你雙腳底下的銀色「地球之星脈輪」確保你按照你的神性藍圖生活。你的白金色「海底輪」意謂著你始終感到十分安全，而且信任自己得到照顧。你的粉紅色「本我輪」只吸引充滿愛的關係，同時你的橙色「臍輪」啟動合作與合一。你的金色「太陽神經叢」帶出你的自信與智慧，而你的白色「心輪」使你敞開心扉接受愛。你的寶藍色「喉輪」啟動完全的誠實與正直，晶瑩剔透的「眉心輪」提供開悟，而透明清澈的「頂輪」協助你連結到恆星。

　　在這些脈輪之上，你的超然脈輪發著光。你的白色「因果輪」打開通向天使世界的門戶，你的洋紅色「靈魂之星脈輪」使你的

靈魂旅程有力量，而你的橙色「星系門戶脈輪」將你連結到你的「單子」（Monad），也就是你的神性火花。

在黃金未來，人人會從自己的
*　　　　十二個五維脈輪輻射出高階頻率。*

指引

這張牌卡提醒你，你所做的每一個抉擇都影響你的脈輪發出光芒。

大天使麥達昶監督著你與地球的揚升過程。祂照管著你，看著你的十二個五維脈輪移動到位、敞開和被啟動。當這事發生時，你活得平和、有愛、與他人合作，而且誠信正直，心懷善意，做出無害且善於支持的抉擇。

你的指引是，檢查你是否按照每個脈輪的最高原則生活。然後調頻聆聽大天使麥達昶。要有意識地打開你的脈輪，請求祂讓祂金橙色的光穿透脈輪進入地球。祂提醒你，當你帶著高階意識行事時，便自動地吸引來自宇宙的豐盛與支持。

28.天使
詢問天使們

28. 天使
詢問天使們

天使無所不在。這些光輝燦爛的存有來自「神」（God）的心，祂們不斷地照顧和指引我們。祂們的行為符合我們的最高利益，可以在許多方面協助我們。

在黃金未來，人們會清楚地覺察到天使的臨在，有意識地與祂們連結且邀請祂們協助。每一個人都會聆聽自己的「守護天使」（guardian angel）低語、召喚令人敬畏的大天使支持、與不同頻帶上的天使們溝通交流，甚至是圍繞著「本源」、不可言喻的「熾天使」（Seraphim）。

在動手執行方案之前，社區會請求得到天使的協助，更在推進方案之際，與天界的存有一起歌唱。

天使幫助每一個人敞開心扉。

在黃金未來，你會覺知到你的守護天使與你同在。

指引

得到這張牌卡暗示，天使們有一則希望或啟發的訊息給你，所以要對祂們敞開心扉。祂們正在提醒你，你的守護天使始終與你同在，準備好隨時擁抱你，只要你需要支持以及不斷輕聲的鼓勵。要對祂們的臨在保持警覺。留意巧合與同步性，因為這些是由你的天使協調的。

大天使們帶著特定的能量來到地球幫助我們。要向大天使麥達昶祈求覺照（illumination），向大天使麥可祈求實力，向大天使拉斐爾祈求療癒和開悟，向大天使加百列祈求聖潔與喜悅，向大天使烏列爾祈求內在的平和與自信，或向任何其他偉大的大天使祈求協助。每天請求幾位大天使進入你的能量場，提升你的頻率，在你周圍創造天使的氣場。

「熾天使」是十二維天使，祂們圍繞著「神格」（Godhead，譯注：神的性質或本質），歌頌「本源」的願景，使其顯化。要請求祂們帶給你靈魂的心滿意足以及祝福你的人生。

29. 龍

派遣龍去療癒世界

在黃金未來，龍將在人類的意識中重拾應有的地位。人們會體認到，祂們是智者、療癒者、守護者，保有蘊藏在這片土地裡的古老智慧。這些有翅膀的存有屬於天使界，不過在不同於天使和獨角獸的頻帶上工作。打從地球誕生以來，祂們一直英勇地提供服務，為的是滌淨和保護我們的星球。

隨著我們向前邁進，土龍、風龍、火龍會持續清理人類周圍和地球內部不完全屬於五維的任何能量。水龍會繼續在河川和海洋中散布基督之光。隨著地球上的頻率提升，祂們的服務會得到認可。

來自諸恆星與行星的龍將會分享祂們的光和智慧，幫助我們，祂們必會受人歡迎、被人聽見。

在新的黃金時代，睿智而敞開心扉的龍

會得到尊重、受人崇敬。

指引

這張牌卡提醒你，對於我們星球的未來以及你個人來說，龍都極其重要。一旦你與你個人的龍建立連結，祂會完全忠誠於你且全然地愛你。不妨請求祂每天保護你，為你清理道路。

這也是提供服務的呼喚。由於自由意志的關係，龍無法在沒有你指揮的情況下行動。所以，派遣土龍去清理地脈（ley lines，譯注：或譯「雷伊線」、「靈脈」，指地球各代歷史建築與重要地標畫出的對齊直線，有人相信這是地球的能量線），讓祂們與光一起流動。請求火龍燒掉並蛻變不再需要的任何東西。指揮風龍吹走過往，使頭腦豁然開朗，迎向開悟。請求水龍讓基督之光在需要的地方流動。

亞伯拉罕大師（Lord Abraham）是艾莫亞（El Morya）的一個面向，祂是偉大的御龍大師。如果你希望與龍有更多的連結，不妨請求祂指引你。

30. 獨角獸
散布獨角獸之光

　　獨角獸（unicorn）可以呈現任何形狀，但通常被視為鑽石白的馬，從第三眼的位置伸出一根螺旋狀的開悟犄角。祂們透過由大天使克里斯蒂爾監管的「天琴座星際之門」（Stargate of Lyra）進入這個宇宙。

　　在金黃璀璨的五維未來，這些「啟明存有」（Illumined Being）將在保持頻率高檔和純淨方面扮演重要的角色。祂們會繞行地球，將光傾注到需要的不管什麼地方。人人都會覺察到自己的獨角獸，祂會始終與自己同在，不斷地用智慧、療癒、愛、喜悅、和平觸動當事人。這些純白色的存有會將靈性資訊直接下載到人們體內，讓新的黃金時代可以綻放和擴展。

　　滿月期間，獨角獸會將愛、完美健康、揚升品質等額外高頻的祝福澆灌在人類和動物身上。在這些時候，祂們會與療癒師合作，讓深度的靈魂療癒可以發生。

在黃金未來，奇妙的獨角獸會幫助人們全然地與自己的「高我」（Higher Self）或自己的「單子」連結。

指引

這張牌卡作為來自獨角獸的禮物與祝福來到你身邊。

這些已經開悟的存有透過你的因果輪連結到你。花點兒時間觀想這個中心就像你頭頂上方一輪閃閃發光的銀白色月亮。邀請一隻獨角獸穿過因果輪，來到你面前。深呼吸，打開你的心，知道這些宏偉莊嚴的靈性存有之一正朝你走來。感應祂的臨在。

好好決定你想要開發什麼品質。推敲細想這點時，要知道你的獨角獸正用祂的犄角觸碰你，照亮你氣場內的這些品質。放輕鬆，讓這事發生。

要奉獻自己，成為獨角獸傳送神性和平與愛的門戶，讓祂們的純淨之光可以不斷地流經你。

31. 啟明大師

成爲愛的散播者

　　成千上萬的「啟明大師」已經揚升進入更高的維度，而且現在正在地球上指引著我們。在黃金未來，當地球與靈性界域之間的帷幕變薄時，人們其實會看見祂們走在地球上熙來攘往的人們之間。祂們散播著純粹的愛，那會完全打開所有人類和動物的心。

　　此外，人們可以感知到人與人之間的愛的流動。每一個人都會感覺到自己被全然地愛著，而且惹人愛，因此會閃爍著自我價值、喜悅、自信的光芒。人類將會頭一次真正懂得如何去愛。他們會領悟到自己在地球上有歸屬感。

在黃金未來，人人理解且體驗到真愛。

指引

當這張愛的牌卡來到你面前時，它呼籲你檢查自己內心最深處。請記住，沒有小我，只有愛。要拉開眼前「幻相的帷幕」（Veils of Illusion），用慈悲的眼光看待自己和他人的所有行為。要透過愛的稜鏡看待所有關係、情境、形勢。透過理解和接納讓自己自由。敞開自己，讓愛流動。

每一個人都不一樣。大家都有挑戰。但是愛無所不在。它不被圍限、不受拘束。愛消融一切。

主耶穌（Lord Jesus）現在是「宇宙之愛的使者」（Bringer of Cosmic Love）。祂是這個宇宙的決策機構「銀河聯邦理事會」（Intergalactic Council）的發言人，而你的指引是要召喚祂。要請求宇宙之愛大大增長，讓它流向地球、流向你個人。深吸一口氣，感覺無條件的愛突破你的任何心鎖。要愛自己，並在新的黃金時代準備好成為無條件的愛的散播者。

32. 領導與決策

為全體的至善做出抉擇

在黃金未來，不會有領袖或權力結構，但會出現可敬、有智慧的人們鼓舞他人並為他人賦能培力。誠實、坦率、正直、理解、智慧、關懷會得到重視。

決策將由集體公開、迅速地做出，不帶個人的私下盤算，基於每一個人的至善。相關人等會聚集在一起。他們設定找到最佳結果的意圖，然後心連心，意念相通。其中一人指出有何選項。當這個群體調頻時，會立即做出決策，因為他們處在合一的空間中，因此人人滿意得到的結果。

以此方式，家庭和社區的決定可以快速、輕易地做出，而且這個做法鞏固關係。大家都有歸屬感。

至於國際決策，德高望重的人士將會協調合作，實現最美好的世界成果。

運用合一意識，人們可以快速、

輕易地做出明智的決定。

指引

大天使麥可是「實力與勇氣」的奇妙大天使，祂掌管人類的喉輪。在第五維度，這個脈輪是寶藍色。當你選擇這張牌卡時，大天使麥可正等候著要觸碰這個中心，讓你可以有智慧、得體、榮耀地說出你的真理。

當你說出你的真實感受時，你的喉輪會亮起來，於是人們信任你。然後你更容易做出明智的決定。

要為你想到的任何情境設定意圖，祈求帶來公平而充滿愛的結果，而且請求大天使麥可透過你說話。假使你正在參與某項集體決策，請放下任何小我或隱藏的盤算。要請求結果是基於至善。好好調頻你的心和意，對準其他相關人等，而且信任出現的結果。

33. 五維人類的藍圖
憶起你的天賦與力量

五維範型包含愛、合作、和平、無害、服務、包容性、基於至善採取行動。這些品質將允許黃金時代蓬勃發展。隨著人類第六根源種族的出現，我們的意識將會發生跳躍轉換。它預示人類進化的另一次突飛猛進。我們全都可以得到被編碼進入十二股DNA的天賦與力量。

不管怎樣，只有當我們的星球得到提純淨化時，這些才可以被啟動。地球目前正在經歷提純淨化，當水域清澈、空氣清潔、土地被滌淨、人們全都擁有十二個甦醒且運轉的五維脈輪時，蛻變轉化的過程就會開始。心靈感應（telepathy）、心靈遙感（telekinesis）、顯化（manifestation）、靈視力（clairvoyance）、靈聽力（clairaudience）、瞬間移動（teleportation）、飄浮（levitation）、再生（regeneration）、自我療癒、完全憶起我們的靈魂旅程以及超乎我們想像的力量全都會司空見慣。

要表現得好像已經是新的黃金未來。

指引

你的指引是，要與源自於水星的偉大大師艾莫亞連結。祂現在已經成爲「馬努」（Manu），也就是代表人類第六根源種族的完美人類，爲的是讓我們預作準備，迎接黃金未來。祂的細胞、脈輪、能量場，保有我們即將成爲的人們的鑰匙和密碼。祂擁有難以想像的天賦和力量。

艾莫亞邀請你引進你的十二個脈輪，有意識地練習愛、和平、喜悅、感恩、接納，直到它們成爲習慣爲止。要留神觀察你的念頭和情緒，確保它們慈愛而正向。這些是鼓勵你的 DNA 鏈解開、伸展、放鬆、連結的第一步。

在深度放鬆中練習與神性合拍合調，下達你的細胞，使你的通靈天賦、靈性力量、完美健康能夠顯現出來。

艾莫亞必會照耀你。

34. 跳躍轉換你的人生
調頻聆聽水晶

　　在亞特蘭提斯的黃金時期，當「伏斯盧大師」（Lord Voosloo）投生時，祂的能量場內攜帶了促使亞特蘭提斯跳躍轉換進入傳奇黃金時期的鑰匙和密碼。祂向人們展示了如何生活，才能讓自己的十二股 DNA 能夠連結起來。然後祂的知識和智慧使人們能夠喚醒自己的天賦和力量。祂教導人們運用水晶。水晶鏈結到整個亞特蘭提斯上方大圓頂（Dome）內的水晶金字塔（水晶金字塔等於是發電機）。這些免費提供人們的所有能源需求，促使最難以置信的靈性科技得以發展。

　　由於地球目前正在經歷短短二十年的雙維轉換，伏斯盧大師再一次回應我們的求助，不過這一次祂是從靈性世界指引我們。

現在是每一個人跳躍轉換、進入揚升的時候。

指引

這張牌卡提醒你，你擁有令人敬畏的力量，它們被編碼在你體內。要召喚投生在亞特蘭提斯時期頻率最高的大祭司伏斯盧大師，祂攜帶了使亞特蘭提斯可以跳躍轉換進入傳奇黃金時期的鑰匙和密碼。祂現在以「和諧與平衡的第九道光大師」的身分返回到這個宇宙，再次幫助我們的星球和個人。光是說出祂的名字就可以提升你的振動，把祂吸引到你身邊。要請求祂觸動你，使你的人生跳躍轉換，進入揚升。

你的念頭和情感深刻地影響你的 DNA。要聚焦在愛、和平、慈悲、慷慨、喜悅、感恩。然後練習靜心冥想和深度放鬆，幫助 DNA 中的「密碼子」（codon）鏈伸展和放鬆。這促使六十四個密碼子（內含心靈感應、心靈遙感、顯化、靈視力、靈聽力、自我療癒、其他力量等通靈和靈性天賦）可以重新連結且得到啟動。

你爲以五維方式生活做出的每一個抉擇，都使你更進一步地接近提升你的意識、邁向黃金未來。

35. 地球的滌淨

保持你的空間純淨、清朗

在黃金未來的意識中，人人都有自我價值感與個人操守，從而保持周遭事物整潔、自然、美麗。產品會以目前尚未想到且合乎生態、可重複使用、可生物降解的植物材料包裝，因此沒有廢物或垃圾。

大型家用電器、電視、我們目前的電腦會被淘汰，改由無害頻率驅動且可完全生物降解的高科技產品取代。

到了二〇五〇年，目前難以想像的非物質化技術，意謂著，世界各地堆積如山的垃圾會被處理掉。這包括來自核電廠的原子塵（核電廠將會全數關閉）。殘留的廢物塵埃會被獨角獸帶走，在太陽與「中央大日」赫利俄斯（Helios，通向「本源」的門戶）當中進行最終的清理。

在黃金未來，我們會保持地球純淨而清潔。

指引

彼得大帝大師（Lord Peter the Great）在祂的許多轉世都完全與大自然和動物王國和諧同調。祂現在協助環保運動，而且協調從內在層面對地球進行深度滌淨。你的指引是要與祂連結，觀想土地清潔乾淨、得到照顧，而且空氣純淨。每當你這麼做，你的能量都會創造出光的橋梁，讓彼得大帝的靈性團隊可以沿著橋梁工作。經由你的介入，祂們可以向世人展現祂們的行動結果，而且取得更多提純淨化這個世界的成果。

這張牌卡提醒你，你為幫助環境而做的每一件事都造就不同。但是不要評斷亂丟垃圾或製造污染的人們，因為評斷的念頭製造心靈污染。倒不如改而祝福有自我價值的人們，提升他們的頻率。

你的指引是要做出合乎生態的抉擇，輕鬆地生活在地球上，因為你的行動不僅深邃地影響人們而且幫助地球。

36. 金色的 星際網際網路

以五維方式溝通交流

網際網路允許大量的資訊立即被傳送。在黃金未來，網際網路將被金色的「量子星際網際網路」（quantum stellar internet）所取代，後者運用高頻波段，只攜帶正向、鼓舞人心的靈性資訊。這些對人類、鳥類、魚類、動物、昆蟲、樹木都完全無害。

隨著新的黃金時代日漸進步，人類會獲得大量的智慧與協助，來自水星已揚升部分「特拉弗尼」（Telephony）的大師們，以及這個宇宙中的其他友人，目前已經與大天使麥可合作，設置了一套五維通訊網絡。這套五維網路最終會被透過「巨石陣」（Stonehenge）錨定的七維系統取代。

為了幫助人類，水晶傳輸現在再次被編程。

人類的五維意識只對振動高、具啟發性、

振奮人心的傳輸感興趣。

指引

特拉弗尼的大師們是十二位啟明存有，監督通訊行星水星的揚升面相。祂們透過你的喉輪（你的眞理中心，由大天使麥可監管）與你相連。

請求大天使麥可用寶藍色和金色的能量塡滿你的喉輪。然後發送出與特拉弗尼的大師連結的意圖。在你這麼做的過程中，「金色光束」上宏偉莊嚴的天使們必會與你合作。

你的揚升使命的一部分是要保有光，足以安置好黃金時代的金色量子星際網際網路。當你這麼做的時候，喉輪會閃爍著正直、榮譽、勇氣的光芒，允許你以純淨而有魅力的方式溝通交流。時候到了，該要以五維方式有意識地透露你的眞理，彷彿你已經處在新的黃金未來。當你這麼做的時候，人們必會信任和尊敬你。

37. 星系際旅行
用驚奇的眼光看待星星

幾千年來，人們一直敬畏地看著星星，而且晚近更企圖嘗試探索太空。若要成功地做到這點，我們必須有愛、真正的謙卑、正確的意圖。不過，到了二〇五〇年，我們將擁有合一意識，那允許我們造訪這個宇宙的其他部分，使我們能夠與我們的宇宙友人連結與合作。科學家們將會和諧地與天使界、大師、負責恆星與行星的存有們合作。

屆時，先進的科技將會創造出建造火箭的全新生態材料以及推動火箭的方法。這些火箭會以難以置信的速度運載著人們環遊世界，也將飛向恆星與行星。

在新的黃金時代，我們會準備就緒，有能力搭乘太空船造訪我們在這個宇宙中的同伴並與他們溝通交流。

指引

來自金星的「阿斯塔指揮官」（Commander Ashtar）指揮著保護我們世界的銀河系際艦隊。祂使所有宇宙彼此保持平衡與和諧。

得到這張牌卡時，你自動地接收到與阿斯塔指揮官連結的邀請，要以你的光體與祂一起旅行。祂正將一道閃耀的銀光發射到你的頂輪中。這觸動你的意識，使你對這個宇宙有更廣泛的理解。祂也觸發一道光，用真理觸動你的喉輪，以無條件的愛觸動你的心輪。花點時間好好體驗這點。

假使你願意這麼做，請在內心裡接受阿斯塔指揮官的邀請，而且知道你將在祂的母艦上陪伴祂，在你睡覺期間幫助這個多重宇宙。

想像你看著戶外的星星。瞬間，每一顆恆星與行星都在向你發送歡迎能量的脈衝。要欣然接受。

38. 免費能源
成為強大的發電站

到了二〇三二年，照明、暖氣、電力，將由陽光、風力、蘊藏在強大小型電池內的其他自然形態能源提供。

幾年後，當地球處於和平且全世界存在國際合作時，地球將會掙得權利，可以取用種種完全免費的全新生態動力。來自其他恆星和行星系統的睿智大師和科技先進的存有們，將會下載以前難以想像的種種生態能源和動力的相關資訊，給善於接收的科學家們。這些能源包括地磁、金字塔動力和水晶動力，以及閃電、水、元素、植物能量。

屆時，人們勢必已經取回了自己的諸多天賦，能夠與水晶內的元素生命力溝通交流，藉此點亮水晶。

在黃金未來，免費提供的生態能源，會以我們現在
無法想像的種種方式為我們的需求提供動力。

指引

大祭司托特（Thoth）教導說，地球上的每一樣東西都相互連結且對特定的振動做出回應，允許能量流動。振頻高的物體提升了周遭一切事物的頻率。

托特正在提醒你，要尊重地球，謹慎地使用動力且盡可能地選擇合乎生態的形式。要祝福並感激你所使用的一切。

記住，宇宙的力道不斷地貫穿你，因此要接通清明、乾淨、合乎生態的供應來源，例如樹木、瀑布、太陽、月亮或星星，讓這股無限的生命力貫穿你。要保持扎根接地，讓脈輪不斷旋轉，使自己周遭有高頻物品包圍，而且練習取用自己的免費生命力。

好好整理你的人生、你的住家、你的關係、你的念頭和情感，讓你個人的「氣」可以自由地流動。經由這麼做，你正在幫助人類為黃金未來的生態動力預作準備。

39. 水晶光體
建立你的晶狀梅爾卡巴

在黃金未來，人類將會從以碳爲基底的三維形相蛻變成以水晶爲基底的五維形相。這樣的質變會發生在細胞層次。當身體保有更高瓦數的光，內含愛、知識、智慧，這樣的事就會發生。這是揚升的旅程。

你的「靈」（spirit）在一個被稱作「梅爾卡巴」（merkabah）的光體中旅行。這會由兩個互鎖的金字塔構成，一個朝下，另一個朝上，但是隨著你成爲五維且攜帶更多的神聖女性能量，你的梅爾卡巴會變成球形。這個球體是你的水晶光體。它圈住你的肉體且反映你的肉體。

要多吸收光，食用比較清淡的食物，飲用純淨的水，連結到大自然，適度鍛鍊。好好留神觀察你的念頭、言語、行爲，確保它們正向積極。要靜心冥想並落實揚升練習。

在新的黃金時代，每一個人都居住在

自己的球形水晶光體之中。

指引

每次你深度放鬆時，都可以吸收更多的光，因此要有意識地臣服，想像自己在你的球形水晶光體之中。

你的指引是要做出開發這個光體所需要的改變。要小心地照料你的肉身載具。留神觀察你的作為、言語、念頭。花更多時間默觀，徜徉在大自然中。所有這些事物會在細胞層次影響你，而且影響你散發出來的能量品質。

請求負責你的靈魂之星脈輪的洋紅色天使「大天使馬利爾」，支持你在靈性層次揚升，祂必會照亮並錨定你的高階光體。

花時間觀想你的梅爾卡巴是閃閃發光的球體，圈住你。然後有意識地讓它變得更大，輻射出去，觸動各地的人們，也啟動他們的揚升。

40. 黃金城

活得合乎生態且和諧融洽

　　黃金城是基於居民的至善而創建的生態社區。在高階意識中，沒有小我，這允許城鎮在沒有規劃許可或政府法規的情況下誕生。打算住在那裡的人們齊心調頻，對他們的房屋抱持和諧的願景，於是黃金城據此建造起來。美麗的建築物依偎在岩石、樹木、河流、自然景觀周圍。一切散發著金色的氣場。

　　由於氣候變遷和地球地理結構的轉換，某些新興黃金城將會建造在之前難以想像的地點，例如，深山裡或漂浮在海上。不管怎樣，人民的高階意識使他們在不同的條件下都能夠活得喜悅、平安、合乎生態。

未來，土地和城市會散發出愛與智慧的金色氣場。

指引

我們越早開始活得自然、環保、平衡，彷彿已經居住在黃金城之中，這類生活方式就會越快地顯化出來。你的指引是要使你的住家和社區盡可能地優美、合乎生態、平安。

然後與負責大型計畫的極高頻天使 ——「權天使」（Principalities）連結。祂們正在照耀新黃金時代城市的發展，因此要肯定地表明，你已經準備就緒，要盡你的本分建立黃金城。

當你聚焦在和諧的願景、尊重大自然、渴望基於全體的至善創造，你就是在幫忙形塑五維的藍圖，造就光輝燦爛的未來。每當你預想房屋、樹木、岩石、大自然散發出金色的氣場時，你就是在為更高階的生活方式注入能量。

請求「權天使」將某座新興黃金城的願景，銘印在準備好要帶出黃金城的人們的腦海之中。

41. 大愛能量之門

接受自己是宇宙的存有

　　這整個宇宙正在揚升，到了二〇三二年，地球的心輪將會與所有行星的心輪相連。這些心輪全都會溝通交流，交換愛和資訊。當這種情況發生時，大量高階的愛會流遍整個宇宙，而且必會深邃地影響地球上的每一個人。

　　這將會啟動中國山區一扇特殊的高頻能量之門。這扇令人敬畏的能量之門保有純白色的「本源」之愛，那份愛必會傾瀉而出，使每一個人沐浴在奇妙的神性之愛當中，那是我們以前從未體驗過的。它會大大地影響我們每一個人。

當心輪連結時，就會產生巨大的愛的流動。

指引

選擇這張宇宙牌卡暗示，你是這個宇宙的存有，特地投胎轉世，為的是幫助我們的星球揚升。

你受到邀請，要祈請偉大的純白色「大天使布提亞里爾」（Archangel Butyalil），祂監督著宇宙的流動，確保一切按照神性的時機和諧地移動。要請求祂將你托在祂閃爍著白光的漩渦之中。要聲明你的意圖，幫助地球的心輪連結到這個宇宙中所有已知和未知行星的心輪。要聚焦在你的心輪，感應它敞開和擴展，直至一道白光從中流瀉而出為止。好好觀想光從你的心向外照射到所有行星。

當你完成時，暫停片刻，然後吸入蘊藏在這些行星心輪中的輝煌之愛。絕對要知道，身為宇宙的存有，你是蒙神賜福的。你的參與必會觸發你自己的高階心輪擴展，而且將會協助打開中國境內的「大愛能量之門」（Super Love Portal）。

42. 世界和平與合作
選擇無害與團隊合作

　　二〇三二年之後不久，當我們進入全新黃金時代的時候，整個世界將會迎來億萬年來的頭一次和平。然後所有國家會基於全體的至善開始彼此合作、相互支持。

　　從世界和平與國際合作存在的那個瞬間開始，我們的五維行星便掙得從這個宇宙中汲取富裕、繁榮、難以置信的知識的權利。這包括靈性科技，例如，為每一個人種植大量滋養糧食作物，以及發現如何利用目前難以想像的無害免費動力。它將會揭示全新的通訊、旅行、療癒形式，以及許多使我們的人生更輕易、更快樂的其他奇妙方法。

和平、合作、交互依靠是鑰匙，

可以從這個宇宙中擷取難以想像的恩惠。

指引

抽到這張牌卡暗示，時候到了，該要將你的人生帶進全然的和平與喜樂，然後該要與他人合作。每當你選擇和諧的回應或以無害的方式行事，你就是在提升自己的頻率。每當你基於更高的動機與他人合作，就是在加速你的揚升。這不僅可以蛻變你個人的人生，也有助於在集體意識中建立普世和平與國際合作。

庫彌卡大師（Lord Kumeka）幫忙建立了亞特蘭提斯的黃金時期，祂已經返回到這個宇宙，為在地球上等候著我們的黃金未來預作準備。一旦你祈請祂的協助且調頻進入祂的拓帕石光，祂就會幫助你步入全新黃金時代的光明與和平。

當你真正地生活在五維的和平、愛、合作之中，就會自動地從這個宇宙中汲取美麗的豐盛。

43. 靈性科技

擴展你的想像並分享你的願景

一旦我們的星球和平又和諧，我們就會與來自這個宇宙的智者們協商。地球上的五維意識，將會使我們能夠接收光和靈性科技。世界各地的科學家將會彼此分享這些發現和理念，而且世界各地的人們將會基於至善而合作。科技將會跳躍轉換至更高的範型。

人們會開發堅固、耐磨、有彈性、合乎生態、色彩繽紛的植物材料，替代塑膠。這些將被用於製造交通工具、建築材料、家庭用品。在二〇五〇年之後，每一樣東西都是可生物降解的。

一旦當前難以置信的理念和水晶知識被下載到我們的體內，我們的星球和地球上的每一個人，就會在五維的上層和諧地溝通交流。

由於活得和平和諧，

　　我們將會獲准下載壯觀怡人的全新靈性科技。

指引

　　希拉靈大師（Lord Hilarion）是「科學、技術、知識、智慧、眞理的第五道光大師」，祂是「土星理事會」（Council of Saturn）的地球代表。選擇這張牌卡表示，祂正等候著，要將新理念落入你的頭腦中。這些可能是關於水晶、更高階的眞理、科技或光。祂可能會要求你預想目前無法想像的未來可能性。

　　這張牌卡呼籲你保持敞開，虛心接收來到你面前的任何印象。要擴展你的想像力並鼓勵周圍的人們，尤其是孩子，表達他們的想像力。於是美好未來的種子可以扎根在你的意識裡並傳播散布。

　　當你調頻聆聽希拉靈大師的時候，祂會指引你提出幫助人類、地球、你自己的新理念。記住要與他人分享你接收到的任何概念，因爲這是通向全新黃金未來的五維路徑。

44. 群體意識

擁抱合一

在黃金未來，我們將會跟「列穆里亞」（Lemuria）時期的人們一樣理解「合一」。那個黃金時代的人們有群體意識：他們全都彼此協調同頻，基於全體的至善而行動。遷徙的候鳥是一體行動的，牠們在列穆里亞時期學到這點。那是非常先進的存在狀態，當人類的臍輪完全覺醒時，合一對全體來說將是有可能的。

當人民活出「萬物一體」時，就會產生難以想像的祝福。就個人而言，你感覺完全得到支持且體驗到純粹的快樂和喜悅。你處在宇宙的流動之中，可以與他人一起強而有力地創造，造福整個世界。

於是超越亞特蘭提斯黃金時期開發出來的任何先進靈性科技，將會被下載到我們的世界。

當我們活在合一中的時候，

人生就成為每一個人最奇妙、美麗的體驗。

指引

得到這張牌卡暗示，在日常生活中擁抱合一的時候到了。若要做到這點，請開發你的臍輪，那裡蘊藏著社區的愛和團結。要練習調頻進入那些氣場和他人的感受。然後觀想你光輝燦爛的洋紅色「靈魂之星脈輪」像華麗的花朵一樣盛開和擴展，於是你在靈魂層次調頻對準全體。

要練習與他人連結，為每一個人的福利做出決定。

「馬可大師」（Master Marko）是亞特蘭提斯時期的大祭司，祂代表太陽系中最高階的銀河聯盟（首都位於土星）。這個聯盟由「九人理事會」（Council of Nine）監督，「九人理事會」是先進的群體意識，也是合一的終極典範。在此，馬可大師將所有宇宙的科技資訊保存在一個極其高頻的巨大水晶頭骨當中。

從你的「靈魂之星」發送一道光到馬可大師的水晶頭骨，而且準備好接受下載和諧宇宙的資訊，那將會照亮你的旅程。

關於繪者

　　「前方」（Space Before）是來自英國的數位藝術家。他用 iPad 作畫布，創造出超越邊界且富於想像力的拼貼藝術，融合了鮮豔的色彩與空靈的元素。

　　「前方」的許多創作都從大自然和種種靈性概念中汲取靈感。藉由結合這一切，他致力於點燃觀者的神性想像力，讓人們一窺未曾見過的世界。

[image] @space.before.thought

關於作者

戴安娜‧庫珀（Diana Cooper）在個人危機期間接收到天使的探訪。她現在因為致力於天使、靈球體、亞特蘭提斯、獨角獸、揚升、過渡到新的「黃金時代」等工作而廣為人知。透過她的指導靈和天使們，她使人們能夠取用自己的靈性天賦與心靈潛能，也讓人們連結到自己的天使、指導靈、大師、獨角獸。

黛安娜‧庫珀是「黛安娜‧庫珀基金會」（Diana Cooper Foundation）的創辦人，該基金會是一間非營利組織，在世界各地提供授證的靈性教學課程。此外，庫珀也是擁有三十四本著作的暢銷書作家，著作已經以二十八種語言出版。

dianacooper.com

angels.dianacooper

@dianacooperangels

黛安娜・庫珀其他作品

書籍

《黃金未來牌卡》（*The Golden Future, 2023*）

《獨角獸能量療癒》（*The Magic of Unicorns, 2020*）

《龍族守護能量全書》（*Dragons, 2018*）

《五次元的靈性動物》（*The Archangel Guide to the Animal World, 2017*）

《五次元的靈性覺醒》（*The Archangel Guide to Enlightenment and Mastery, 2016*）

《五次元的靈魂揚升》（*The Archangel Guide to Ascension, 2015*）

Venus: A Diary of a Puppy and Her Angel (2014)

神諭卡

《魔法獨角獸療癒卡》（*The Magic of Unicorns, 2021*）

《大天使神諭卡》（*Archangel Oracle Cards, 2020*）

《大天使動物神諭卡》（*Archangel Animal Oracle Cards, 2019*）

《龍族神諭卡》（*Dragon Oracle Cards, 2017*）

「爲你賦能培力：無限音頻」（*Empower You: Unlimited Audio*）應用程式（app）上的音頻觀想

The Magic of Unicorns (2020)

Dragons (2018)

The Archangel Guide to Enlightenment and Mastery (2016)

The Archangel Guide to Ascension (2015)

國家圖書館出版品預行編目 (CIP) 資料

黃金未來牌卡：將自己與世界調頻至第五次元 / 黛安娜‧庫珀 (Diana Cooper) 著；前方（Space Before）繪；非語譯 .-- 初版 .-- 新北市：橡實文化出版：人雁出版基地發行 , 2024.06
面；　公分
譯自：The golden future oracle : a 44-card deck and guidebook

ISBN 978-626-7441-26-8(精裝)

1.CST: 占卜

292.96　　　　　　　　　　　　　113005054

BC1132

黃金未來牌卡：將自己與世界調頻至第五次元
The Golden Future Oracle: A 44-Card Deck and Guidebook

作　　者	黛安娜‧庫珀（Diana Cooper）
繪　　者	前方（Space Before）
譯　　者	非語
責任編輯	田哲榮
協力編輯	朗慧
美術設計	洪菁穗
校　　對	蔡昊恩

發 行 人　蘇拾平
總 編 輯　于芝峰
副總編輯　田哲榮
業務發行　王綬晨、邱紹溢、劉文雅
行銷企劃　陳詩婷
出　　版　橡實文化 ACORN Publishing
　　　　　地址：231030 新北市新店區北新路三段 207-3 號 5 樓
　　　　　電話：02-8913-1005 傳眞：02-8913-1056
　　　　　網址：www.acornbooks.com.tw
　　　　　E-mail 信箱：acorn@andbooks.com.tw
發　　行　大雁出版基地
　　　　　地址：231030 新北市新店區北新路三段 207-3 號 5 樓
　　　　　電話：02-8913-1005 傳眞：02-8913-1056
　　　　　讀者服務信箱：andbooks@andbooks.com.tw
　　　　　劃撥帳號：19983379 戶名：大雁文化事業股份有限公司

印　　刷　中原造像股份有限公司
初版一刷　2024 年 6 月
定　　價　1200 元
ISBN　978-626-7441-26-8